참 좋다

참 좋다

펴낸날	초판 1쇄 2025년 6월 20일

지은이	남궁정원
펴낸이	서용순
펴낸곳	이지출판

출판등록	1997년 9월 10일
등록번호	제300-2005-156호
주소	03131 서울시 종로구 율곡로6길 36 월드오피스텔 903호
대표전화	02-743-7661 팩스 02-743-7621
이메일	easy7661@naver.com
창작지도	윤보영감성시학교
디자인	김민정
인쇄	ICAN
물류	(주)비앤북스

ⓒ 남궁정원 2025, Printed in Seoul, Korea

값 15,000원

ISBN 979-11-5555-256-8 03810

※ 잘못 만들어진 책은 교환해 드립니다.

● **추천의 글_ 윤보영** 커피시인

  첫 시집 《그대를 닮은 봄》에 이어 3년여 만에 더욱 무르익은 감성으로 적은 시와 마치 자화상 같은 아름다운 그림을 담은 남궁정원 시인의 두 번째 감성시집 《참 좋다》 발간을 진심으로 축하합니다.

  그동안 시인의 가슴에 담긴 아름다운 감성이 바쁜 일상에 가려 빛을 보지 못했을 뿐, 남궁정원 시인은 이미 오래전부터 시인이었다는 사실은 시인의 시를 읽다 보면 금방 알 수 있습니다.

  남궁정원 시인의 글 속에는 사랑이 담겨 있습니다. 부모에 대한 사랑, 일에 대한 사랑, 동료에 대한 사랑, 고향에 대한 사랑…. 하지만 그중에서도 자신에 대한 사랑이 가장 크다는 것을 느꼈습니다.

  그렇습니다. 치유의 시라고도 할 수 있는 감성시는 자신에 대한 사랑이 먼저입니다. 그 사랑이 주위 사람들을 행복하게 만들고, 나아가 이 사회를 행복하게 만드는 역할을 하게 됩니다.

　남궁정원 시인의 무한한 감성이 시를 배우고 싶은데 용기가 없는 분들에게 감성의 문을 활짝 열게 하는 귀한 계기가 되었으면 좋겠습니다.

　두 번째 시집이 발간되도록 곁에서 힘이 되어 주신 가족들에게 감사의 마음을 전하며, 독자들에게 사랑받는 감성시인이 될 수 있도록 도와 드릴 것을 약속합니다.

　남궁정원 시인님!
　수고하셨습니다. 그리고 멋진 꿈을 응원합니다.

2025년 6월
윤보영감성시학교가 있는 '휴이야기터'에서

● **추천의 글_ 지광복** 성남교회 담임목사

  일상의 소소한 풍경과 조용한 마음의 울림을 한 편 한 편의 시로 담아 낸 남궁정원 시인의 두 번째 시집 출간을 진심으로 축하드립니다.
  성남교회에서 신실하게 신앙의 길을 걸어오며 찬양대로 봉사하시는 남궁정원 시인이 시집을 출간한다는 소식을 듣고 깊은 기쁨과 감동을 느꼈습니다.

  남궁정원 시인의 시는 마치 우리가 지나치던 일상에 잠시 멈추어 서서 마음을 기울이게 하는 힘이 있습니다. 사랑이라는 주제를 거창하거나 과장되지 않게, 오히려 아주 조용히, 그러나 깊은 시선으로 그려냈습니다. 사람과 사람 사이, 계절과 계절 사이, 하루와 하루 사이에서 피어나는 작은 사랑들을 따뜻한 언어로 엮어 낸 이 시집은 독자에게 조용한 위로와 공감을 선물할 것입니다.

  남궁정원 시인의 시집은 마치 햇살 머문 창가에 놓인 한 폭의 그림 같습니다. 시 한 줄, 붓 한 획마다 마음의 풍경이 피어오르고, 조용히 들여다보면 그 속에 고요한 떨림과 깊은 사색이 깃들어 있습니다.

이 시집은 단순히 읽히는 글이 아니라, 보는 이의 가슴에 그려지는 시입니다. 언어의 결이 섬세하고, 그림과 어우러진 구성은 감성을 자극하며 오감으로 느끼는 아름다움을 선사합니다.

남궁정원 시인의 시는 누구나 공감할 수 있는 일상의 사랑을 섬세하게 그려내며, 시를 처음 접하는 이들에게도 쉽게 다가갈 수 있는 다리를 놓아 줍니다. 이 아름다운 시집이 더 많은 이들의 마음에 닿아, 우리가 놓치고 있던 사랑의 순간들을 다시금 되새기게 되기를 바랍니다.

다시 한번 시집 출간을 진심으로 축하드리며, 남궁정원 시인의 따뜻한 시 세계가 널리 퍼지기를 응원합니다.

2025년 6월
성남교회 목양실에서

● **시인의 말**

《그대를 닮은 봄》첫 시집을 내고 "시인님!"이라는 말을 들었습니다. 처음에는 이 말이 쑥스럽기도 하고 조금 어색하기도 했지만, 벌써 3년이란 시간이 지났습니다.

용기를 내어 청소년수련관에 시 쓰기 프로그램 '사이다 프로젝트'를 제안하고 아이들과 '꿈꾸는 사이다' 동인지를 만들면서 '아~ 행복한 생각을 하면 시가 저절로 써지는구나' 하고 깨달았습니다. 그 덕분에 좋은 생각을 많이 할 수 있었고, 또 행복해지려고 노력도 했습니다.

그동안 캘리그라피를 하면서 작업했던 그림에 시를 올려보았습니다. 시와 딱 맞아떨어지는 작품들이 있어서 웃음도 나고 행복했습니다. 시집을 읽는 분들이 잠시 휴~ 하며 쉬어 가는 시간이 되었으면 하는 바람도 가져봅니다.

또 하나의 도전! '윤보영감성시학교'를 통해 누군가에게 시를 쓸 수 있는 동기를 부여하겠다는 꿈을 실천하기 위해 노력하고 있는 지금, 참 행복합니다.

바쁘게 살다 보면 힘든 일을 만날 수 있지만 그 힘듦조차 쉽게 이겨 낼 수 있도록 가족들과 잦은 만남을 통해 깊은 사랑을 확인할 수 있었고, 그 사랑으로 위로를 배웠으며, 그 속에서 다시 감사함을 찾을 수 있었습니다.

 아낌없는 응원과 배려를 해 주신 친정 부모님과 기쁠 때나 슬플 때 곁에서 최고의 사랑을 실천해 준 가족들, 엄마의 꿈을 응원하고 행복을 바라며 자기 일에 최선을 다하고 있는 딸과 아들에게 다시 한번 감사드립니다.

 주일예배를 마치고 짬을 내 찾아가는 나의 아지트 '휴이야기터'에서 아름다운 추억을 만들 수 있었고, 그 이야기가 시를 탄생시키는 힘이 되곤 했습니다. 휴이야기터 회장님과 사모님, 윤보영 시인님 내외분과 찾아갈 때마다 반짝반짝 빛날 수 있도록 안아 주고 항상 격려해 주시는 휴 식구들 덕분에 두 번째 시집이 나왔습니다. 고맙습니다.

먼발치에서 항상 기도해 주고 힘과 용기를 보내 주시는 교회 식구들과 저를 아껴 주고 사랑해 주시는 모든 분들께 이 자리를 빌려 감사의 마음 전합니다.

이처럼 시인으로 활동할 수 있도록 지도해 주신 대한민국 커피시인 윤보영 시인님께 다시 한번 감사드립니다. 추천의 글을 흔쾌히 써 주신 지광복 성남교회 담임목사님께도 감사드립니다. 그리고 예쁜 시집을 만들어 주신 이지출판사 서용순 대표님께도 감사드립니다.

이 시집을 만나는 모든 분들의 하루하루가 "참 좋다!" 하며 저절로 행복해하는 날이 되기를 진심으로 기원합니다. 사랑합니다. 감사합니다!

2025년 6월
남궁정원

차례

추천의 글_ **윤보영** 커피시인 4
추천의 글_ **지광복** 성남교회 담임목사 6
시인의 말 8

제1부
그리움에 그대 생각을 넣으면

목련 18
그리운 그대 20
그대가 좋아하는 꽃 22
목련꽃 차 24
풍선 26
구절초 28
호수 30
홍시와 당신 32
거울 애인 34
사랑 청소기 36
목련이 질 때 39
홍시 사랑 41

제비꽃 19
봄소식 21
그대 생각 23
캘리그라피 25
그대 향기 27
꽃집 29
새집처럼 31
거울 33
손수건 35
폭싹 속았수다 37
홍시 40
비 오는 날 42

제2부
내 안에 숨겨 놓은 별

어머니 45
참새처럼 47
그대라는 별 49
반지 51
신부 53
장미 55
장미 한 송이 57
장미의 유혹 59
장미처럼 61
로즈데이 63
빨간 장미 65
자두 67

그대를 닮은 목련꽃 46
사과를 먹다가 48
사랑해 50
비밀 52
장미 접시 54
행복커피 56
장미 두 송이 58
장미꽃말 60
사랑 고백 62
프로포즈 64
장미는 그대 눈빛 66
수박 68

제3부
비와 바람을 담은 청보리밭

촛불 70
꽃과 잡초 72
배추전 74
그림 76
포도 78
전화 80
청보리 82
와이퍼 84
선풍기 86
추석 88
가을비 90

그대 71
그리움 73
단풍 구경 75
다행이다 77
쑥향 79
가로수 길 81
청보리밭 83
구름 85
무지개 단추 87
집 89
사탕 92

제4부
우리 짬짜면 먹어요

잠시 휴 94
짜장면 99
짜장데이 102
곱빼기 104
짜장과 짬뽕 108
자동차 110
비 내리는 날 112
미용실에서 114
설거지 116
삼색 볼펜 118
추운 겨울 120
모닥불 122

장대비 98
짜장 100
짬짜면 103
수타면 106
생각 우산 109
지하철 111
빈자리 113
스타일 115
컴퓨터 키보드 117
모자 119
외로운 겨울 121

제5부
가슴에 담긴 아름다운 기억

동백꽃 124
기타 126
그리운 너 128
한글 130
사이다 132
겨울 135
이모티콘 137
핸드폰 139
레드와인 141
떡국 143
청소년수련관 145
천년의 사랑 148

사랑 피아노 125
사랑앓이 127
사발면 129
산책커피 131
고속도로 133
난로 136
한눈팔지 마 138
자꾸커피 140
실수 142
설날 144
휴이야기터 146

제1부

그리움에 그대 생각을 넣으면

목련

하얀 목련꽃이
순백의 사랑이라고?

아니, 아니야

순백의 꽃잎을
화려하게 수놓는

지금
나야
나!

제비꽃

그대를 닮아
아름다운 꽃

아니
아니,
내 가슴에 너로 피어서
더 아름다운 꽃.

그리운 그대

마당 한 곁에
큰 나무 한 그루
꽃이 피고서야 알았다

그대가 날 닮은 꽃이 핀다고
보여 주고 싶다던
목련꽃이라는 걸

목련꽃 필 때마다
생각나는 그대
지금 어디에 계신가요?

봄소식

활짝 웃는 얼굴로
날 반겨 주던 너

살며시 안아 주며
속삭이던 너

푸른 새싹
작은 꽃망울
모두 내가 기다리던
그대 미소다.

그대가 좋아하는 꽃

한아름 수국도
향기 좋은 프리지아도
화려한 서양란도

로즈메리 허브도
돈을 몰고 온다는 금전수도
꽃향기 가득한 치자나무도

그대가 좋아하는
장미꽃은 따라올 수 없다.

그대 생각

계란은
세게 만지면 깨져요

그대 생각도
계란 같아서
살살 다루어야 해요

아니 아니요,
꽉 쥐면 깨지는 계란과 달리
세게 만져도 괜찮아요
단단한 우리 사랑은.

목련꽃 차

"목련꽃 차 마실 때
그대는
누굴 생각하세요?"
하고 말했다가
웃었다

그대 생각하는
날 보고
쑥스러워 웃었다

목련꽃 차가
따라 웃다가
꽃물이 들었다
찻물이 곱다.

캘리그라피

나는
글씨 쓰기를 좋아해서일까?
즐기면서 쓰고

너는
예쁜 글씨를 담고 싶어서일까?
웃으면서 담고

그래서
나와 캘리는
찰떡 궁합!

풍선

긴 풍선으로
강아지를
동그란 풍선으로
사과를

그럼
그리움에
그대 생각을 넣으면

글쎄
혹시 아는 분?

그대 향기

바람결에 실려 온
그대 목소리 듣고 싶어
조용히 걸었다

햇살이 따뜻하게
내 마음 감싸주니
걸을 때마다 떠오르는 그대

커피 없이 기다려도 좋아요
그대 향기 내 맘에 가득하니까!

구절초

사랑한다
사랑한다
구절초꽃 닮은 그대를

좋아한다
좋아한다
구절초꽃 좋아하는 그대를

보고 싶다
보고 싶다
구절초꽃 앞에서
내 마음 담고 떠난 그대를

다시 꽃을 보니
모두가
그리움이다.

꽃집

꽃집 아가씨는 예쁘죠?
네 네 네!

꽃보다
더 아름다운
꽃집 아가씨
사실은 아줌마

아니,
그대 생각
내 안에
꽃으로 장식한 나.

호수

잔잔한 호수에
돌을 던지면
풍덩 빠지겠지만

호수 닮은 당신 눈 속에
하트를 던지면
별이 되겠지요

다시 내 가슴에
그리움으로 쏟아지는 별!

새집처럼

봄이 되니
빈 둥지에
새가 찾아왔다

늘 봄인
내 안은
아직까지
빈집인데.

홍시와 당신

홍시는 사랑이다
사랑한다고 고백받고
수줍어하는 당신!

말없이 물들고
조용히 붉어진
사랑으로 익힌
당신이다.

거울

예쁜 옷을 입고
거울 앞에 섰다

거울에 비친 모습
오늘따라 더 예쁘다

당신이 거울 속에서
불쑥 나와
"데이트 하러 가자!"
할 것만 같다

홍당무가 된 얼굴
어떡하지?

거울 애인

사랑한다
사랑한다
사랑한다
그 말
원 없이 해 볼 수 있게

너 오늘
내 애인할래?

손수건

하얀 손수건에
구절초 한 송이 그려 놓고

그대 얼굴 한 번 보고
구절초꽃 한 번 본다

꽃은 없고
그대 얼굴만 있다.

사랑 청소기

먼지를 담은 거니?
사랑을 담은 거니?

소리만 요란한 줄 알았는데
그대 생각을
알뜰하게 청소기에 담아 온 너.

폭싹 속았수다

넘어지고
좌절해도
다시 일어서는 너에게
"수고하셨습니다!"
이렇게 말하고 싶다

네가 있다면
너를 만난다면.

휴이야기터

목련이 질 때

목련 꽃잎이
떨어진다고
서운해하지 마세요

그대 향한 마음은
미리 목련 꽃잎으로 수놓았으니

그 목련나무
내 안에서
일 년 내내
꽃피우고 있으니.

홍시

앉아서
하나, 둘, 셋

일어서서
하나, 둘, 셋

감나무 가지 끝
홍시를 보다가
홍시처럼 달콤한
제 마음을 꺼냈습니다

그리움 끝에 달려
자꾸 보고 싶게 만드는
당신 얼굴 말입니다.

홍시 사랑

남장 님어 홍시가
발길을 멈추게 한다
그대 생각하니
미소가 나온다

홍시로
미소 짓게 하는 그대
오늘은 홍시로 오셨나요?

비 오는 날

우산은
가방에 넣고
그대 생각은
그리움에 넣고.

제2부
내 안에 숨겨 놓은 별

고향집 마루

어머니

마당 가득 핀 장미꽃은
웃으면서 보내는 어머니의 일상

텃밭 배추는
어머니의 넉넉한 미소

옥상에 고추는
어머니의 자식 사랑

그러니 우리가
고향을 생각 안 할 수 없고

고향에 계시는 어머니를
그리워하지 않을 수 없다

고마워요
엄마!

그대를 닮은 목련꽃

저 멀리
목련 나무 한 그루

봄이 되니
나무 가득 꽃이 핀다

나에게
사랑을 알게 해 준 그대도
목련나무처럼

멀리서 보아도
내 얼굴이 환해지게
아름다웠는데.

참새처럼

참새 두 마리
전신주에 앉아
이야기 나누는 모습이
오늘 만났던 우리를 닮았다

내일도
그대를 만나
실컷 수다 떨어야지.

사과를 먹다가

미안해요
죄송해요

사과를 먹다가
웃음이 났다

그대를
너무 좋아해서
사과할 뻔.

그대라는 별

그대에게 들킬까 봐
내 안에 숨겨 놓은 별

숨길수록
더 반짝이는 별

들키면 더 좋을 별
그대라는 별.

사랑해

한국의 바다는
동해, 서해, 남해

세계의 바다는
태평양, 대서양, 인도양

내 안의 바다는
사랑해, 사랑해
오직 너만을 사랑해.

반지

커플반지
우정반지
결혼반지

약속을 하고 나면
왼손 다섯 손가락이 바쁘다

좋아서
가슴 뛰는 것도 모르고
바쁘다.

비밀

붉은 꽃잎은
열렬한 사랑

하얀 꽃잎은
순백의 사랑

노랑 꽃잎은
영원한 사랑

그대를 향한
그리움은?

음~
글쎄
비밀!

신부

예쁘다
아름답다
사랑스럽다

하얀 드레스
우아한 자태
행복한 미소

내 안에서
지금 꽃으로 핀
그때 나처럼.

장미 접시

담겨야 할 반찬은
다 어디 가고
장미꽃 한 송이
접시에 놓였다

다시 보니
그대 얼굴이다.

장미

장미 가시가
손을 찌르며
이야기한다

예쁘니까
내가 있지.

행복커피

창밖을 바라보며
커피를 마시고 있다

행복한 내 표정을 보고
지나가던 사람들이 웃는다

나는 오늘도
그들에게 웃음을 선물한다

행복 연습
성공이다!

장미 한 송이

장미 한 송이 들고도
"나에게는 당신뿐입니다!"
이렇게 말할 수 있는
그대가 곁에 있어서
행복합니다.

장미 두 송이

이 세상에
당신과 나
둘만 있다 해도
사랑한다고 말하렵니다

당신이 좋아하는
장미꽃을 들고.

장미의 유혹

코끝을 스치는
진한 향기를 남기고

뜨거운 햇살로
꽃잎까지 붉게 물들이더니

매혹적인 눈빛으로
날 유혹하는 너

그대도 아닌데
어쩌란 말이지?

장미꽃말

예쁘다
사랑스럽다
좋아한다

고맙다
그립다
정열적이다

그래도
가장 건네고 싶은 말은
"사랑한다!"

장미처럼

햇빛을 좋아하는
장미처럼

나를 좋아하는
그대처럼

아무리
피었다 지고
다시 피어도

서로 가슴에서
향기를 내미는
우리 사랑!

사랑 고백

장미꽃을 준비하고
반지를 준비하고

예쁜 옷과
구두도 준비하고

준비는
다 되었는데
받아줄 네가 없다

이런 것도 모르고
너는
어디선가
잘 살고 있겠지?

로즈데이

오늘은
연인들끼리
장미꽃을 건네며
입맞춤하는 날

하지만 나는
그대 마음에
입맞춤하고 싶다

장미꽃보다 진한 향기로
날 사랑하는
그대 마음에.

프로포즈

장미꽃 한 송이를 내밀면서
"나에게는 당신뿐!"

장미꽃 두 송이를 내밀며
"이 세상은
그대와 나 둘만!"

장미꽃 100송이를 내밀며
"이만큼 사랑해!"

상상만 해도
이리 기분 좋은데
당신, 장미꽃
몇 송이 준비했나요?

빨간 장미

빨간 장미가
정열적인 사랑이라며
도전장을 냈다

그대를 사이에 두고
결투라도 하겠다는 자세다

그대에게 주기 위해
내 안에
장미 정원을 가꾸는 줄 모르고.

영광 고향집

장미는 그대 눈빛

말없이 바라보던
그대 눈빛이
장미꽃처럼 선명했지요

당신 생각했더니
그때 그 장미꽃이 다시 피어
나에게 속삭입니다

당신은
시간이 지나도
내가 좋아하는
장미야.

자두

예쁜 입술을
앵두 같다고 하지요

당신 향한 내 사랑은
앵두보다 열 배나 큰
자두로 할래요.

수박

수박을 연다는 게
그리움을 열었나?

수박 속에
그대 얼굴이 있다

역시
달콤하다.

제3부
비와 바람을 담은 청보리밭

촛불

어둠을 밝혀 주는
불빛이라더니
나이를
더 먹게 하는 불빛이네

후~
불었다가
한 살만 더 먹었네

괜찮아
더 나이 먹은 만큼
더 웃을 수 있는데 뭘.

그대 시계처럼 팔목에
      채울 수도 없고
      귀걸이처럼 귀에
      매달 수도 없고

      눈만 감으면 생각나니
      나더러
      어쩌라는 겁니까?

꽃과 잡초

그대 모습 닮아
꽃인 줄 알고 꽂았는데
잡초였다

그대 모습 닮아
잡초인 줄 알고 뽑았는데
꽃이었다

행복할 때는 꽃으로
화날 때는 잡초로

꽃으로도 왔다가
잡초로도 오는
그대 생각.

그리움

꽃을 심으면
꽃밭

배추를 심으면
배추밭

나무를 심으면
그냥 숲

보고 싶은 마음에
그대를 심으면?

배추전

노릇하게 구워
접시에 올린 배추전

젓가락 잡을 틈도 없이
손으로 찢어 입으로!

미안
미안해
배추전에 담긴
엄마 생각으로
당신 생각 잠시 잊은 거!

단풍 구경

가을은
나뭇잎을 물들이고

그대는
내 마음을 물들이고

그럼 단풍 구경은
어디로 가야 하나요?

그림

하얀 도화지에
수채물감으로 수수하게
하얀 캔버스에
아크릴 물감으로 강렬하게

그대 생각하다
결국 화선지를 택했다

당신
알고 보니
나에게 어울리는
부드러운 사람!

다행이다

산책을 할까?
TV를 켤까?
아침에 일어나면
먼저 하는 생각

아니 아니,
그리움을 깨울지 몰라
다시 눕는다

그래, 10분만 더…
입가에
아쉬움이 번진다.

포도

여름이면
생각나는 과일

포도송이가
어린 시절 추억 속으로 이끈다

포도씨를
훅훅 뱉으며
친구들과 웃던 그날들!

해마다
포도가 익어갈 때면
그리움에
송글송글 기억을 달고
그 속으로 잡아끄는 힘

포도를 먹는다
포도송이처럼
친구들 얼굴을 달고
포도밭이 다가선다.

쑥향

산책을 하다가
잠시 멈추었다

진한 쑥향이
코끝을 자극했다

그래
그대에게도
향이 났으면

멀리서 걸어와도
알 수 있게
진한 향이 났으면.

전화

전화를 받을 때
제일 행복한 말!
여보!
세요…

전화를 받을 때
제일 황당한 말!
누구?
세요…

아니 아니,
그냥
벨이라도
울렸으면 좋겠다.

가로수 길

길가에 가로수
단풍이 들었다

부는 바람에
한잎 두잎
떨어진다

떨어진 나뭇잎 쌓이듯
보고 싶은 마음도
그대 가슴에 쌓였으면.

청보리

청보리밭
너는
봄소식을 전해 주는
전령사

아니, 지금이
사랑할 때라며
기분을 더 좋게 하는
센스쟁이.

청보리밭

초록 언덕 위
청보리밭은
비와 바람을 담은
청춘

사랑하기
딱 좋다며
그리움까지 내미는.

와이퍼

쏟아지는 비!
왔다 갔다
와이퍼가 유리창을 닦고 있다

그 비로
그대 그리워
앞이 보이지 않는
내 마음

모르는지
알면서도
모르는 척하는지
와이퍼만
왔다 갔다.

구름

먹구름은
비를 데려 오고

그대는
내 생각을 앞세워 오고

비는 땅을 적셔
푸른 잎을 더 푸르게 하고

그대 생각은
내 마음을 적셔
더 그립게 하고.

선풍기

1단을 틀어도
2단을 틀어도
3단을 틀어도
시원하지 않다

그렇다고
더 더울 텐데
그대 생각 꺼낼 수도 없고
걱정이다, 걱정!

무지개 단추

빨간색, 노란색, 파란색
여러 가지 색
단추가 있듯

내 마음속 그리움에도
핑크, 초록, 보라
여러 가지 생각이 있지요

오늘은 빨간색이네요
그대 향한 내 마음으로
유혹해 보려고요.

추석

추석은
송편 만들고
전을 부치고
요리를 하는 날

추석은
옥색치마
색동저고리 입고
뽐내는 날

그러다 보름달 바라보며
그대와 함께 산책하는 날

추석이 지나고
돌아오는 길

아쉬움이
달로 떠서 따라온다
추석을 데리고 온다.

집

이 집은
새가 사는 집처럼
왜 입구가 작아요?

아!
그건
마음이 들어오는 문이라 그래요

사실은
이 집
기다림으로 지었거든요.

가을비

가을비는
나뭇잎을 낙엽답게 만들고

그대 사랑은
내 생각을 사랑답게 만들고

그래서 가을이 예쁘다
가을에 꺼낸
그대 생각은 더 예쁘다.

사탕

사탕은
달달해서
자주
손이 가고

그대 사랑은
달달해서
수시로
생각이 가고

둘 다
달다!

제4부
우리 짬짜면 먹어요

잠시 휴

시원한 바람이 불고 있습니다
바람을 느끼고 싶어
잠시 가던 걸음을 멈춥니다

바람이 말합니다
지금처럼
"바람을 느끼고 싶을 때는
잠시 멈춤 하는 거야!"

일상을 내려놓고
열심히 달려온 나를 만났습니다
꽃향기가 납니다
두리번거리며 꽃을 찾고 있습니다

꽃 가득 핀 벚나무에서
꽃잎이 수선화 꽃밭으로 날아갑니다
내 눈길이 따라갑니다
진달래와 철쭉도 꽃을 피우고
내 눈길 받는
수선화꽃이 부럽다며 봅니다

다른 계절에는 느낄 수 없는
진한 향기를
봄이 가져왔습니다

힘들 때는, 저처럼
봄이 가져온 향기를 느낄 수 있게
일상을 내려놓고 쉬어 가세요
앞만 보지 말고
잠시 눈을 감아 보세요

눈 감은 그곳에서
벚꽃과 수선화
진달래와 철쭉으로 피어 있는
나를 만날 테니까

선물로 받은 이 계절에
바람이 담아 온 꽃향기처럼
사랑하는 사람에게 연락 올 수 있게
지금, 이 순간
잠시 "휴" 하고 쉬어 가세요.

장대비

그대 보고 싶은 마음
알았을까?

전국적으로
비가 내린다네요

그래요,
그 비
나처럼
그대 가슴에도
그리움으로 쏟아졌으면.

짜장면

그대와 함께 먹는 짜장면은
세상에서 가장 맛있는
일품요리

그대 생각도 안 꺼냈는데
왜 이렇게 맛있는 거야.

짜장

면발을 먹을 때마다
입가에 묻은 짜장
웃음을 만들어 주는
행복 소스

웃다가
웃다가
배꼽 빠지면

먼저 본 사람이
알려 주기.

짜장데이

4월 14일은
짜장면 먹는
블랙데이

짜장면 먹어 줄
짝꿍이 없는 사람
짜파게티를 먹어도 되고

간도 크게
시치미 뚝 떼고
식당에 혼자 앉아서
나처럼 먹어도 되고.

짬짜면

짜장도 먹고 싶고
짬뽕도 먹고 싶을 때는
짬짜면을 주문하세요

그대 목소리 듣고 싶거나
그대 모습 보고 싶을 때
영상통화를 하고

영상통화를 하고도
보고 싶다면
당연히 만나자는 약속 잡듯
"우리 짬짜면 먹어요!"

곱빼기

"짜장면 한 그릇 주세요!"
주문을 하고
음식이 나왔는데
곱빼기처럼
그릇 가득 면이 담겼다

"저 보통 시켰는데요!"
"네! 사랑하고
있는 사람 눈에는
보통도 곱빼기로 보여요."

수타면

주방에서 쿵쾅쿵쾅
수타면 만드는 소리

밀가루 반죽
이리저리 굴리며
쫄깃한 면발을 만들어 내는 소리

짜장면 한 그릇 주문해 놓고
아빠 손맛 그리워
추억으로 들어가는 소리

짜장면을 먹는다
그때 그
아빠 사랑을 먹는다.

짜장과 짬뽕

짜장면을 좋아하는 그대
짬뽕을 좋아하는 나

탕수육을 시켜놓고
찍먹 할까?
부먹 할까?
하자는 대로 하겠다며
서로 눈치 보고 있는 우리

참
우리 사랑
깊다.

생각 우산

내 안에서
그대 생각을 꺼내는데
이슬비가 내린다

우산을 쓸까?
그대 생각 쓰고
그냥 걸어갈까?

자동차

항상 나를
편안하게 해 주는 자동차

그런데
그거 알아요?

자동차는
내가 운전을 해야 가지만
그대 생각은
눈만 감아도 된다는 사실!

지하철

전동차를 기다리며
길게 늘어선 줄
그 줄 맨 뒤에 서 있다

타는 건 마지막
내리는 건 제일 먼저

그대를 만나러 가는 길
그 생각에
늦게 타도
내 표정이 제일 밝다.

비 내리는 날

일기예보를 듣고도
설마했다

우산 없이
두 손을 머리에 얹고
앞만 보고 달리다가

뛰어가는 내 모습에
내가 웃었다

그대에게 달려가던
내 모습 같아서
웃을 수밖에 없었다.

빈자리

그대를 만나러 가는 길
빈자리가 있어도
앉을 수 없다

마음이 뛰고
엉덩이가 들썩들썩
도저히 앉아 있을 수가 없다

오늘은 양보, 양보
모든 자리가 빈자리라도 양보!

미용실에서

마음이 복잡한 날은
뽀글파마 머리를

상쾌하게 기분 좋은 날은
숏커트를

그대 만나러 가는 날은
긴 생머리 매직파마를

그대 연락 없는 오늘은
그냥 뽀글파마로 해?

스타일

뽀글머리 파마는
아빠 스타일

단발머리 소녀는
삼촌 스타일

보기 좋다는
긴 생머리
나는 누구 스타일?

설거지

밥공기 따로
숟가락 따로
접시 따로

설거지할 때는
하나를 여럿으로 나눈다

하지만
그대는
그리움도 함께
보고픔도 함께
기쁨도 함께

따로 대신
함께로 묶어 주는
그대라는 이름.

컴퓨터 키보드

하루 종일
키보드를 두드려도
불평하지 않는 너

너 오늘
내 안의 그대였으면 좋겠다

내 하소연
다 들어주고도
불평 없는 너
오히려 웃어 주는 너.

삼색 볼펜

빨강, 파랑, 검정
한 자루에 세 가지 색

보고 싶은 마음 적으면
모두 파란색!

멀리서도
알아볼 수 있게
진한 파란색!

모자

모자가
바람에 날아갔다

혹시 너
내 걱정하다
대신 날아간 건 아니지?

추운 겨울

장갑을 끼고
털 부츠를 신고
모자까지 썼는데도 추워요?

벽난로라도
되어 드릴까요?

외로운 겨울

손에는 장갑을 끼고
발에는 털 부츠를 신고
머리에는 모자를 썼는데

차가운 마음은
무엇으로 따뜻하게 해 줄까요?

그대도 없는데
연락조차 없는데.

모닥불

쌀쌀함을 달래기 위해
모닥불을 피운다

불멍 하는 날은
네 생각도 함께 태운다

하지만 그대 생각은
태움이 아니라
돋아남이다

태울수록
더 그립기만 한 당신!

제5부

가슴에 담긴 아름다운 기억

동백꽃

한겨울
눈 내리는 날
한 잎 두 잎
떨어지는 꽃

내 가슴에
그대 그리움으로
다시 피겠다며
웃는 얼굴로
담기는 꽃.

사랑 피아노

하얀 건반은
밀려오는 그대 생각

검은 건반은
말하지 못한 사랑 고백

그리움이 음표가 되어
노래를 만들고

노래는 사랑을 담아
내 마음을 춤추게 하니

피아노 건반은
오작교다.

기타

곱디고운 손가락에
군살이 한가득

아!
너 때문이었구나

그대를 사랑하듯
군살까지 내밀며
너를 사랑하게 만든.

사랑앓이

물감을 짜고
붓을 꺼내고
캔버스를 펼친다

그림을 그려야 하는데
그대 얼굴만 그려진다

언제부턴가
이러고 있다.

그리운 너

감주는 시원해야
더 달고

군고구마는
잘 구워야 더 맛있고

그대 그리움은
무조건 좋다
생각만 해도 좋다.

사발면

뜨거운 물 붓고
3분만 기다리면
출출한 배를
달랠 수 있어요

그리운 그대도
3분만 기다리면
보고 싶은 마음
달래 줄 거죠?

지금부터 3분
카운트다운!

한글

사랑을 알려 주고
감사도 알려 주고

기쁨을 알려 주고
슬픔도 알려 주고

내 감정을
글로 표현하게 해 주는
고마운 한글

하지만
마음만 열어 주면
보고 싶다
그대 가슴에
직접 쓰고 싶게 만드는….

산책커피

새벽 산책길
그대 생각 깨울까 봐
조심조심 걷는데

"커피 마셔야지?"
생각 속 그대가
웃으며 말을 건넨다

기분 좋아
벌떡 일어나니
꿈이다

다시 눈을 감고 누워
시치미 떼고
그대와 커피 마시는 중.

사이다

마시면
톡~ 쏘는 사이다
속이 뻥 뚫리는 사이다
얼음 넣어 마시면
더 시원한 사이다!

하지만
사이다보다
더 시원한 사이다가 있다

꿈을 이야기하고
비전을 세우고
체험을 통해 실천하는
청소년수련관 사이다 프로그램

사이다가 있어서
행복했던 시간

사이다를 마신다
가슴에
아름다운 기억이 담긴다.

고속도로

뻥 뚫린 도로
쌩쌩 달리는 자동차
고속도로는 좋아

당신 만나러 가는 길도
막힌 도로보다
뻥 뚫린 고속도로가 좋아

그래서 오늘도
내 안에
전용차로 진입 성공.

겨울

손이 시려요
발이 시려요
마음도 시려요

당신이 곁에 없으면
늘 겨울입니다

당신이 있으면
늘 봄인 나에게는
겨울이 맞습니다.

난로

추울 때 생각나고
가까이하면 뜨거워지는

손으로 만져도 안 되고
발로도 만지면 안 되는

내가 좋아하는 당신처럼
나에게 포근함을 주는
그대 이름은 난로!

이모티콘

이모티콘이 웃으면
그대도 웃고
이모티콘이 화가 나면
그대도 화가 나고
이모티콘이 사랑스러우면
그대도 사랑스럽다

혹시
이모티콘
그대 아바타?

한눈팔지 마

나는 너만 보는데
너는 대체
누굴 보는 거야!

내가
나에게 말해 놓고
웃었다.

핸드폰

하트 이모티콘
반갑다며
하루 종일 핸드폰만
바라보는 당신

그러다
핸드폰이
애인하자면
어쩌려고.

자꾸커피

커피를 마시는데
자꾸 그대 생각이 난다

따뜻한 커피를 마셔도
차가운 커피를 마셔도
오직 그대 생각뿐

커피
마실 만하다.

레드와인

레드와인은
정열적인 사랑!

사랑을 하게 되면
레드와인을 마셔야겠다

그래,
내 사랑
날 빨리 찾아와
붉은 와인 빛이
더 붉어지게.

실수

보고 싶은 마음 멈추려고
커피를 마셨는데
오히려
더 생각나는 그대

생각을 꺼내 놓고
한참을 바라보다
커피가 식었다

그래도
뜨겁게 마셨다.

떡국

하얀 가래떡 어슷썰기 해서
진한 사골국물에 넣고
소고기를 넣어 주세요

파를 넣고 더 끓인 후
예쁜 그릇에 떡국을 담고
노란 지단을 올리세요
김가루를 뿌리면 더 좋아요

준비되셨나요?
축하드립니다
돈도 안 냈는데
한 살 결제되었습니다

결제가 되었으니
한 살
받아야겠지요?

아니요!
그대와 함께 먹은 떡국은
한 살이 줄어들거든요.

설날

"까치 까치 설날은 어저께고요
우리 우리 설날은 오늘이래요."

노래가사처럼
새로운 계획을
매일 세우고 있는 나

나는
매일이 설날이다.

청소년수련관

춤 추고
노래 부르고
책 읽고 운동하면서
멋진 공연까지
한 곳에서 즐길 수 있는 곳

상담 받고
친구 사귀고
봉사와 공예 배우면서
꿈에 도전하는
행복한 놀이터

세상에서 가장 아름다운 이름
청소년과 함께
꿈과 사랑을 이루는 공간
청소년수련관!

휴이야기터

시원한 바람이 있는 곳
그리움이 있는 곳
향기 나는 예쁜 꽃이 있는 곳

나무 그늘이 있는 곳
흔들흔들 휴식 그네가 있는 곳
아름다운 풍경 소리가 있는 곳

까르르 웃음소리가 있는 곳
하고 싶은 이야기가 있는 곳
자꾸만 생각나는 추억이 있는 곳

보고 싶은 사람들이 있는 곳
사랑을 배우는 곳
잠시 쉬어가는 곳

위로받고 싶을 때 가는 곳
웃는 돼지가 반겨 주는 곳
나만의 아지트
휴이야기터!

천년의 사랑

두근거리는 심장 소리
주체할 수 없는 것은

그대 향한 마음이
사랑을 보듬어서일 거야

어쩌면
전생에 이루지 못하고
천년을 기다렸을
그 사랑을.